Werkstattunterricht

Kunst – Niki de Saint Phalle

SCHUBI

Bernd Jockweg
Illustrationen: Anne Wöstheinrich

Kopierrecht

Autor: Bernd Jockweg, Münster (D)

Beraterteam Deutschland: Maria Charlotte Arndt, Brigitte Lapke, Dagmar Rottig, Hiltrud Schild, Cathrin Stracke, Ulrike Tönißen

Ein besonderer Dank gilt der Niki Charitable Art Foundation, die uns bei der Entwicklung dieser Werkstatt mit wichtigen Hinweisen und Bildmaterial unterstützt hat.

Foto Titelseite; Fotos „Grotte-Memospiel", Seiten 73–76, und „Der Strawinsky-Brunnen", Seite 77: Bernd Jockweg

Beraterteam Schweiz und Redaktion:
Cornelia Hausherr, Winterthur
Susan Edthofer, Engelburg
Ursula Gnädinger, Schaffhausen

Illustrationen: Anne Wöstheinrich, Münster (D)
Grafische Gestaltung: Albert Bartel, Münster (D)

CH-8207 Schaffhausen

service@schubi.com
www.schubi.com

1. Auflage 2008

ISBN 978-3-86723-044-5

No 114 35

Vorwort des Autors

Wie unterrichtet man in einer Klasse, in der Kinder lernen, die bei der Einschulung schon Entwicklungsunterschiede von bis zu drei Jahren aufweisen? Wie geht man mit einer Klasse um, in der neben Kindern, die schon lesend in die Schule kommen, Kinder sitzen, die in ihrem Leben noch nie Erfahrungen mit Schriftsprache gemacht haben, weil zu Hause niemand liest oder schreibt?

Zu diesen Fragen kam an unserer Schule die Einführung des jahrgangsübergreifenden Unterrichts. Dadurch erweiterte sich die Spanne von unterschiedlichen Lernerfahrungen noch ein wenig mehr. Gleichschrittige Unterrichtswerke, die von einem „Durchschnittskind" ausgehen, waren hier endgültig keine Lösung mehr.

Alternative Unterrichtsformen waren gefordert, aber es fehlten bisher gerade für den Anfangsunterricht praktikable Unterrichtsmaterialien, die auf die unterschiedlichen Lernerfahrungen der Kinder, aber auch der Lehrerinnen und Lehrer Rücksicht nehmen.

So ist ein Konzept entstanden, das sowohl in jahrgangsübergreifenden Eingangsklassen 1/2 als auch in Jahrgangsklassen (1. oder 2. Schuljahr) erfolgreich eingesetzt wurde. Als einen Baustein dieses Konzeptes halten Sie eine Werkstatt in den Händen, die so aufgebaut ist, dass sie Angebote bietet für eine ganze Bandbreite von Kindern in ihrem ersten und zweiten Lernjahr: ob die Kinder erst am Anfang ihres Lernprozesses stehen oder ob sie schon vielfältige Erfahrungen gemacht haben, möglicherweise schon lesen und schreiben können.

Ich wünsche Ihnen und Ihrer Klasse mit der vorliegenden Werkstatt viel Vergnügen.

PS: Aus Gründen der Lesbarkeit und um nicht überall „die Lehrerin/der Lehrer" schreiben zu müssen, wird im Text nur die weibliche Form verwendet in der Hoffnung, dass sich die männlichen Kollegen genauso angesprochen fühlen.

Inhalt

Arbeitsblätter

Kontrolle und Zusätze

Anhänge und Extras

Themenübersicht aller Werkstätten

Titel	Möglicher Zeitraum
In der Schule (No 114 20)	Schulanfang (August)
Ich und meine Familie (No 114 30)	Schulanfang (August)
Auf dem Bauernhof (No 114 21)	September/Oktober
Der Apfel (No 114 31)	September/Oktober
Im Herbst – Der Igel (No 114 22)	Oktober/November
Unsere Umwelt (No 114 32)	Oktober/November
Die Sterne (No 114 23)	Dezember
Weihnachten (No 114 33)	Dezember
Märchen (No 114 24)	Januar/Februar
Licht und Schatten (No 114 34)	Januar/Februar
Magnetismus (No 114 25)	Februar/März
Kunst – Niki de Saint Phalle (No 114 35)	Februar/März
Bauen und konstruieren (No 114 26)	März/April
Meine Sinne (No 114 36)	März/April
Im Frühling (No 114 27)	April/Mai
Gesunde Ernährung (No 114 37)	April/Mai
Rund ums Rad (No 114 28)	Mai/Juni
Computer und Co. (No 114 38)	Mai/Juni
Wasser (No 114 29)	Juni/Juli
Im Zoo (No 114 39)	Juni/Juli

Lehrerkommentar

Grundsätzliches zum Werkstattunterricht

Methodische Überlegungen

Das Konzept des Werkstattunterrichts ist keine neue Erfindung. Schon seit langem lernen Kinder erfolgreich mit dieser Unterrichtsform: Wie in einer „richtigen" Werkstatt arbeiten die Kinder an verschiedenen Aufgaben, aber an einem Thema. Dabei gibt es Aufträge, die von einzelnen Kindern bearbeitet werden und andere, die nur von Gruppen erfolgreich bewältigt werden können. Kinder übernehmen Verantwortung für bestimmte Bereiche, werden hier Experten und sind anderen behilflich. In anderen Bereichen nehmen sie die Hilfe von anderen Kindern an.

Rolle der Lehrerin

Die Rolle der Lehrerin ist im Werkstattunterricht eine gänzlich andere als beim traditionellen lehrerzentrierten Unterricht: Sie ist Beraterin, Organisatorin der Lernprozesse, unterstützt Kinder, die noch Schwierigkeiten haben, ihren eigenen Lernweg zu steuern.

Lernanfänger und Rechtschreibung

Für die Bearbeitung der Aufgaben durch die Lernanfänger ist das Konzept „Lesen durch Schreiben" von Dr. Jürgen Reichen sinnvoll: Die Kinder notieren ihre Ergebnisse zunächst lautgetreu und werden im Laufe ihrer Schreibentwicklung nach und nach ihre rechtschriftlichen Fähigkeiten erweitern. Daher können sowohl Lehrerinnen als auch Eltern natürlich von Erstklässlern noch nicht erwarten, dass ihre Arbeitsergebnisse rechtschriftlich der Dudennorm entsprechen. Dies ist besonders wichtig zu betonen, falls Arbeiten als Hausaufgaben bearbeitet werden.

Elternarbeit

Wenn jemand das erste Mal mit einer Werkstatt arbeitet, kann auch ein Elternabend zu diesem Thema wichtig sein. Es kann zum Beispiel eine vorbereitete Werkstatt präsentiert werden, damit die Eltern sich einen Überblick über die verschiedenen Übungsformate und -inhalte verschaffen können. Wenn die Eltern wissen, dass in einer „Werkstatt" nicht nur mit Hammer und Säge gebastelt wird, stehen sie der Öffnung des Unterrichts in der Regel erheblich aufgeschlossener gegenüber. Bei einer rechtzeitigen Bekanntgabe der verschiedenen Werkstattthemen für das kommende Schuljahr finden sich oft auch Eltern, die durch den Beruf Beiträge zum Thema leisen können.

Arbeitsweise, Einführung und Abschluss

Während einer Werkstatt wird es verschiedene Arbeitsphasen mit verschiedenen Sozialformen geben: Einzel-, Partner- oder Gruppenarbeiten zum Thema der Werkstatt. Nicht zu unterschätzen sind aber auch gemeinsame Phasen mit allen Kindern im Sitzkreis, in „Kinoreihen" vor der Tafel oder auch in Kleingruppen. Zur Einführung des Themas bietet sich immer ein Gespräch mit den Kindern im Sitzkreis an, in dem das Thema abgesteckt wird. Dies kann zum Beispiel mit einem Cluster oder Brainstorming geschehen.

Gerade am Anfang ist es sinnvoll, den Kindern nicht alle Aufgaben auf einmal zur Verfügung zu stellen. Für den Start sollten Aufgaben mit verschiedenem Schwierigkeitsgrad eingeführt sein, damit alle Kinder befriedigende Ergebnisse erbringen können.

Jede Gelegenheit, über das Thema zu sprechen, sollte genutzt werden:

- Einführung einer neuen Aufgabe.
- Zu Beginn der Werkstattarbeit kann gemeinsam besprochen werden, welche Aufgaben sich die Kinder für diesen Tag vorgenommen haben.
- In einer Reflexion am Ende des Tages kann über die geleistete Arbeit nachgedacht und ein besonderes Ergebnis entsprechend gewürdigt werden.

Es ist schön, wenn eine Werkstatt ganz zum Schluss mit einem kleinen besonderen Ereignis beendet werden kann. Zum Beispiel mit einem Abschlussfest, zu dem eine andere Schulklasse oder die Eltern eingeladen werden, einer Präsentation von Ergebnissen im Klassenverband oder einer feierlichen Übergabe der Werkstattbücher.

Aufbewahrung

Wie die Werkstatt aufbereitet und den Kindern angeboten wird, hängt vom Platzangebot in der Klasse ab. Eine relativ platzsparende Möglichkeit sind stapelbare Ablagekästen. 20 durchnummerierte Kästen enthalten die 20 Aufgaben der Werkstatt mit ihren jeweiligen Aufgabenkarten. Daneben sollten noch drei weitere Kästen die linierten und unlinierten Schmuckblätter sowie die kleinen Themenhefte (s. S. 56–58) enthalten.

Umgang mit den Arbeitsergebnissen

Auch hier bieten sich mehrere Möglichkeiten an, die verschiedene Vor- und Nachteile haben, letztlich aber vor allem eine Frage des persönlichen Geschmacks sind:

- eine Werkstattmappe, in der alle Arbeitsergebnisse abgeheftet werden. Für kleinere Ergebnisse, die nicht gelocht werden können, empfiehlt es sich, in jeder Mappe eine Klarsichthülle einzuheften,
- ein Hängeregister, in das die Arbeitsergebnisse gesteckt werden,
- eine gemeinsame Kiste, in welche die Kinder ihre mit Namen versehenen Arbeitsergebnisse legen;
  die Lehrerin sortiert und bewahrt die Ergebnisse dann bis zum Ende der Werkstatt auf.

In allen Fällen sollten die Arbeiten der Kinder zum Abschluss der Werkstatt entsprechend gewürdigt werden.

Organisatorische Hinweise zu dieser Werkstattreihe

Werkstattreihe mit 20 Themen

Die vorliegende Unterrichtseinheit gehört zu einer Reihe von 20 sachkundlich orientierten Werkstätten.

Aufbau

Jede der 20 Werkstätten aus dieser Reihe ist ähnlich aufgebaut und enthält ein übersichtliches Materialangebot, das es den Kindern in Ihrer Klasse erlaubt, sich selbstgesteuert mit dem Thema auseinander zu setzen. So finden sich die Kinder mit jeder durchgeführten Werkstatt besser mit den Materialien zurecht, können auf Erfahrungen zurückgreifen und werden immer selbstständiger damit arbeiten können. Die meisten Materialien sind als Kopiervorlagen angelegt, für Spiele oder Ähnliches sind im hinteren Teil jeder Werkstatt einige farbige Bögen dabei.

Auftragskarten

Die Auftragskarten sollten auf (farbigen) Karton kopiert werden und enthalten eine ausführliche Anleitung für die jeweilige Aufgabe bzw. das Arbeitsblatt. Der Textumfang wird für die meisten Kinder im 1. oder 2. Schuljahr zu schwierig sein. Sie sind auch eher für eine gemeinsame Besprechung im Sitzkreis gedacht, bei der die Lehrerin den Text vorliest und gemeinsam mit den Kindern bespricht. Wer Auftragskarten bevorzugt, die mit wenigen Symbolen auskommen, kann die leeren Kopiervorlagen benutzen, um Aufträge nach eigenen Bedürfnissen zu gestalten.

Unten auf der Karte wird das Helferkind (der „Chef") eingetragen, das für diese Aufgabe die Verantwortung übernimmt. Es hilft, wenn andere Kinder nicht mehr weiterkommen, achtet darauf, dass die Materialien in einem ordentlichen und vollständigen Zustand bleiben und kontrolliert das Ergebnis bei seinen Mitschülerinnen und Mitschülern. Gerade der letzte Punkt verlangt von der Lehrerin Zurückhaltung, bringt aber einen großen Gewinn im Bereich Verantwortungsbewusstsein.

Aufgaben und Arbeitsblätter

20 Aufgaben ermöglichen einen breit gefächerten Zugang zum Thema dieser Werkstatt. Die Auswahl der Aufgaben ist dabei immer möglichst fächerübergreifend angelegt, neben sachunterrichtlichen Aspekten finden sich auch Aufgaben aus den Bereichen Lesen, Schreiben, Rechnen, Wahrnehmung, Konzentration und Feinmotorik. Soweit es sich anbot, wurden Differenzierungsmöglichkeiten innerhalb eines Arbeitsblattes angelegt. Direkte Hinweise dazu finden Sie bei den „Erläuterungen zu den Arbeitsaufträgen" ab Seite 14.

Manche Aufgaben sind nur für Kinder geeignet, die schon lesen können, manche sind eher für Kinder gedacht, die noch große Schwierigkeiten mit dem Lesen haben. In der Regel sind die Kinder in der Lage, sich die Aufgaben herauszusuchen, die für sie richtig und wichtig sind. In manchen Fällen benötigen sie bei der Auswahl aber auch die Unterstützung der Lehrerin.

Dauer und Aufgabenmenge

Wie viele Aufgaben die Kinder in einem bestimmten Zeitraum bearbeiten können, ist sehr unterschiedlich und hängt in erster Linie von der Leistungsfähigkeit der Klasse und des einzelnen Kindes sowie vom zeitlichen Umfang der Werkstattarbeit ab. In der Regel sollten aber die meisten Kinder in der Lage sein, mindestens zwei Aufgaben pro Woche selbstständig zu erledigen. Bei der Dauer von drei bis vier Wochen einer Werkstatt sollte also jedes Kind ungefähr ein Drittel der Werkstattaufgaben oder mehr bearbeitet haben.

Schmuckblätter

Die Kopiervorlagen für linierte und unlinierte Schmuckblätter können bei verschiedenen Gelegenheiten eingesetzt werden. Kinder können sie nutzen, um Lösungen für Aufgaben zu notieren, zu denen es kein Arbeitsblatt gibt, oder wenn sie Bilder und Texte zum Werkstattthema anfertigen möchten.

Themenhefte

Dieses Blatt kann auf festeres, evtl. farbiges Papier (Kopierkarton) kopiert werden. Mit 2–3 leeren Blättern wird es dann zu einem kleinen Heft zusammengeheftet. Die Kinder können danach die Umrisslinie ausschneiden und erhalten ihr persönliches Themenheft zur Werkstatt, in das sie eigene Geschichten schreiben, Notizen machen oder worin sie Dinge sammeln können, die zum Thema gehören. Mit seinem praktischen Format passt das Themenheft in jede Hosentasche. So können die Kinder auch unterwegs, zu Hause und in ihrer Freizeit Beiträge zur Werkstatt sammeln.

Werkstattpass

Auf diesem Blatt malen die Kinder die Aufgaben an, die sie bereits erfolgreich bearbeitet haben. Es dient sowohl den Kindern als auch der Lehrerin als Übersicht. Falls gewünscht, können hier auch (individuelle) Pflichtaufgaben markiert werden. Ebenso kann mit den Aufgaben verfahren werden, für welche die Kinder als Helferkind eingesetzt wurden.

Lehrerkontrolle

Bei Bedarf können hier die Aufgaben notiert werden, welche die Kinder erledigt haben. Werden dabei Symbole (wie +, o, - etc.) verwendet, entsteht auf einfache Art ein Überblick, wie die Kinder mit der Werkstatt gearbeitet haben.

Inhaltliche Hinweise zur Werkstatt „Kunst – Niki de Saint Phalle“

Schwerpunkt

Niki de Saint Phalles Arbeiten lassen sich grob in zwei Richtungen unterteilen: Eine erste Phase mit Werken, die mehr oder weniger deutlich die Auseinandersetzung mit traumatischen Erlebnissen ihrer Kindheit – vor allem den Missbrauch durch den eigenen Vater – dokumentieren. Eine zweite Phase mit der Entwicklung der Nanas erscheint dem Betrachtenden einer positiveren Lebenseinstellung zu entspringen. Die Farben sind fröhlich, die Formen üppig und lebensbejahend, die Figuren tanzen und scheinen sich ihres Lebens zu erfreuen. Diese Werkstatt beschäftigt sich in erster Linie mit der zweiten Phase des künstlerischen Wirkens von Niki de Saint Phalle, da diese Kindern in der Schuleingangsphase einen einfacheren Zugang ermöglicht. Nichtsdestotrotz sollten in der Klasse Bücher ausliegen, die das gesamte Werk zeigen. In Gesprächen kann selbstverständlich auch die erste Phase von Niki de Saint Phalles Schaffen besprochen werden.

Leben und Werk

Niki de Saint Phalle wurde am 29. Oktober 1930 als Tochter eines adeligen Franzosen und einer Amerikanerin in Paris geboren. Als der Vater durch den Börsenkrach seinen Besitz verlor, zog die Familie nach New York, wo Niki de Saint Phalle aufwuchs.

Als junge Frau arbeitete sie zunächst als Model und heiratete Harry Matthews. Nach der Geburt ihrer Tochter Laure erlitt sie einen Nervenzusammenbruch. In einer Therapie begann sie sich künstlerisch mit den traumatischen Erlebnissen ihrer Kindheit auseinanderzusetzen. Dabei entstanden zunächst die sogenannten Schießbilder: Sie überzog mit Farbe gefüllte Beutel, Gegenstände von Trödelmärkten und Vieles mehr mit weißem Gips. Anschließend schoss sie mit Gewehren auf diese Kunstwerke, aus den beigebrachten „Wunden bluteten“ die Werke die Farben.

Durch den Kontakt zur Künstlerszene lernte sie ihren späteren Ehemann Jean Tinguely kennen. Sie ließ sich von ihrem ersten Mann scheiden und widmete ihr Leben fortan der Kunst.

Mit der Entwicklung der „Nanas“ begann für Niki de Saint Phalle eine Phase, in der sie Kunst für alle machen wollte. Eine Kunst, die fröhlich und lebensbejahend sein sollte. Ihr Lebenswerk ist dabei in den letzten 25 Jahren ihres Lebens entstanden: Der Tarot-Garten in Italien.

Niki de Saint Phalle starb am 21. Mai 2002 in San Diego.

Hinweis

Für die Werkstatt sollte möglichst viel Anschauungsmaterial zur Verfügung gestellt werden. Dazu können Bildbände dienen (vielleicht ein Anlass, um wieder einmal über den Wert von Büchern und den Umgang damit zu sprechen), Poster, Postkarten oder auch eine Linkliste mit passenden Internetseiten, die für Kinder geeignet sind.

Lernziele

Die Kinder lernen wichtige Stationen im Leben der Künstlerin Niki de Saint Phalle kennen.

Die Kinder lernen typische Merkmale der Kunst Niki de Saint Phalles, ihre Farbigkeit und Formenwelt kennen.

Die Kinder lernen typische Figuren wie Nanas, Skinnies (dünne, skelettartige Skulpturen) und Großplastiken der Künstlerin kennen.

Die Kinder setzen sich durch eigenes künstlerisches Tun mit den Werken Niki de Saint Phalles auseinander.

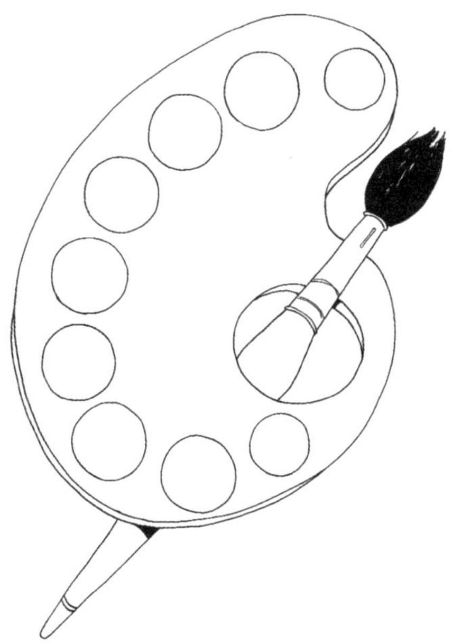

Inhaltliche Hinweise zur Werkstatt „Kunst – Niki de Saint Phalle“

Lehrplanbezüge

Obwohl es sich in erster Linie um eine künstlerisch orientierte Werkstatt handelt, werden folgende Bereiche des Faches Sachunterricht von verschiedenen Aufgaben der Werkstatt und durch den begleitenden gemeinsamen Unterricht angeschnitten:

- Natur und Leben
  - Gegenstände und Werkstoffe (Alltagsgegenstände aus verschiedenen Werkstoffen sammeln, vergleichen, nach Ordnungsgesichtspunkten zusammenstellen und ihre Eigenschaften untersuchen)
- Technik und Arbeitswelt
  - Berufe und Arbeitsstätten (Berufe, Arbeitsplätze von Frauen und Männern erkunden)
  - Werkstoffe und Werkzeuge (mit Werkzeug Gegenstände herstellen und dabei Einsatzmöglichkeiten verschiedener Werkstoffe erproben)
  - Bauwerke und Fahrzeuge (mit einfachen Werkstoffen Modelle bauen und dabei grundlegende Technikerfahrungen machen)
- Raum und Umwelt
  - Schule und Umgebung (Schulwege und Schulumgebung sowie wichtige Einrichtungen im Ort oder Ortsteil erkunden)

Möglicher Zeitraum

Eine Werkstatt zu einer Künstlerin eignet sich im Grunde für jede Jahreszeit, vor allem jedoch, wenn eine Besichtigung ihrer Kunstwerken während eines Museumsbesuchs, einer Ausstellung oder im öffentlichen Raum möglich ist.

Vorschläge für den gemeinsamen Unterricht

- Bei einer intensiven Auseinandersetzung mit einer Künstlerin sollten Kinder nach Möglichkeit auch die Atmosphäre eines Museums kennenlernen. Ideal ist, wenn in einem Museum in der Nähe auch tatsächlich eine Skulptur oder ein anderes Kunstwerk von Niki de Saint Phalle zu besichtigen ist. Aber auch Besuche mit einem anderen Schwerpunkt können den Kindern wichtige Einblicke in einen Kunstbetrieb gewähren. Dabei können die Kinder dann auch erfahren, dass Kunstschaffende ganz unterschiedliche Skulpturen geschaffen haben.

Viele Museen bieten spezielle Führungen für Schulklassen an. Oft besteht auch die Möglichkeit, selbst in einem Atelier künstlerisch tätig zu werden.

- Auch im öffentlichen Raum, in Parks oder in Fußgängerzonen können Skulpturen besichtigt werden. Oft ist den Kindern gar nicht bewusst, an wie vielen Orten wir von Kunstwerken umgeben sind.
- Künstler, die den Kindern einen farbenfrohen Zugang zur Kunst bieten, sind z. B. Keith Haring, Otmar Alt, Friedensreich Hundertwasser, Roy Lichtenstein oder James Rizzi.
- Bei der Auseinandersetzung mit den Werken Niki de Saint Phalles ist die eigene künstlerische Betätigung wichtig. Der Aufwand für das Gestalten von Skulpturen in Einzel- oder Gruppenarbeit sollte nicht gescheut werden, denn der Ertrag ist wirklich enorm. Dabei sind verschiedene Vorgehensweisen möglich:
  - die Bereitstellung eines Künstlertisches oder einer Künstlerecke, in der die Kinder während des Werkstattunterrichts frei arbeiten.
  - die Arbeit an Skulpturen in besonderen Werk- oder Kunststunden.
  - Projekttage, an denen – vielleicht sogar mit Hilfe der Eltern – kompakt an Skulpturen gearbeitet wird.

Höhepunkt der Arbeit in einer Niki de Saint Phalle-Werkstatt ist dann eine Ausstellung mit den eigenen Skulpturen, in der die Kinder ihre Werke und ihre Auseinandersetzung mit Niki de Saint Phalle einem Publikum, z. B. Eltern oder anderen Klassen, präsentieren können.

Inhaltliche Hinweise zur Werkstatt „Kunst – Niki de Saint Phalle“

Fächerübergreifende Vorschläge

- Sport/Musik
  - Tanzen wie Niki de Saint Phalles Nanas: Viele der Nana-Figuren tanzen oder scheinen vor Lebensfreude zu springen. Die Kinder sehen sich Bilder verschiedener tanzender Nanas an und versuchen zu Musik wie diese Nanas zu tanzen. Niki de Saint Phalle hat auch mit dem Tänzer und Choreografen Roland Petit zusammengearbeitet, z. B. hat sie Bühnenbilder und Kostüme für sein Ballett „L'Eloge de la Folie“ mitgestaltet. Gemeinsam mit den Kindern kann nach oder inspiriert von diesem Werk von Roland Petit ein Ballett mit Nana-Figuren einstudiert werden.

Internet-Tipps

Hier werden einige Internet-Seiten aufgeführt, die einen guten Überblick über das Leben und die Werke der Künstlerin vermitteln.

http://www.nikidesaintphalle.com/
Internationale Seite über Niki de Saint Phalle mit Bildern, vor allem vom Tarot-Garten.

http://www.nikidesaintphalle.org/
Offizielle Seite der gemeinnützigen Stiftung „Niki Charitable Art Foundation“.

http://www.nikidesaintphalle.de
Deutsche Seite über Niki de Saint Phalle mit Bildern, vor allem vom Tarot-Garten.

http://de.wikipedia.org/wiki/Niki_de_Saint_Phalle
Informative Seite mit Fotos und weiteren Links.

http://karaart.com/saint.phalle
Umfangreiche Biografie.

http://www.italien.info/niki/default.asp
Deutschsprachige Seite über den Tarot-Garten in Italien.

Literatur

Pontus Hulten: Niki de Saint Phalle. Kunst- und Ausstellungshalle der Bundesrepublik Deutschland. Verlag Gerd Hatje.

Ulrich Krempel: Nikis Welt. Prestel Abenteuer Kunst. Prestel Verlag.

Niki de Saint Phalle: Der Tarot-Garten. Buch über den Tarot-Garten in Italien. Benteli Verlag.

Niki de Saint Phalle, Ulrich Krempel, u. a.: La Grotte. Hatje Cantz Verlag. Dieses Buch ist in verschiedenen Sprachen erhältlich und beschreibt ausführlich, wie Niki de Saint Phalle die Grotte in den Herrenhäuser Gärten in Hannover gestaltet hat.

Carla Schulz-Hoffmann: Niki de Saint Phalle. Bilder – Figuren – Phantastische Gärten. Prestel Verlag.

Auftragsübersicht

Erläuterungen zu den Arbeitsaufträgen

Differenzierungsmöglichkeiten innerhalb einer Aufgabe werden mit ★ gekennzeichnet.

Niki de Saint Phalle 1

Die Kinder erhalten einen kleinen Überblick über einige Lebensstationen von Niki de Saint Phalle. Die Lücken können mit den Lösungsangaben der Auftragskarte gefüllt werden. Um die richtigen Lösungen zu finden, müssen die Kinder nicht viel über die Künstlerin wissen, da in der Regel nur eine Antwort sinnvoll ist. Trotzdem sollte vor dem Bearbeiten dieses Arbeitsblattes über Niki de Saint Phalles Leben gesprochen werden.
Lösung: Am 29. Oktober 1930 wurde Niki de Saint Phalle in Paris geboren. Zur Schule ging sie in New York in den USA. Berühmt wurde sie mit großen bunten Skulpturen, die sie Nanas nannte. 25 Jahre lang arbeitete sie am Tarot-Garten in Italien. Am 21. Mai 2002 starb sie in San Diego.

Faltheft: Die Kunst von Niki de Saint Phalle 2

In diesem Faltheft werden verschiedene Kunstrichtungen von Niki de Saint Phalle vorgestellt: Nanas, Köpfe, Skulpturen, Skinnies (dünne, skelettartige Figuren), Schriften und Riesen für Kinder (begehbare Skulpturen wie der Golem in Jerusalem). Die genannten Kunstrichtungen werden mit je einem Beispiel veranschaulicht. Die Kinder sollten angeregt werden ähnliche Skulpturen in Bildbänden oder im Internet wiederzufinden. Anschließend sollten sie die Bilder im Faltheft in Farben von Niki de Saint Phalle färben.

Grotte-Memospiel 3

Eines der letzten Kunstwerke von Niki de Saint Phalle ist in Hannover in den Herrenhäuser Gärten zu bestaunen. Eine Grotte mit drei großen Räumen wurde von ihr gestaltet. Auf den zwölf Memokarten finden sich einige Details aus diesen drei Räumen. Eine ausführliche Dokumentation ist auch in Buchform, s. Literatur, S. 12, erhältlich.
Die Kinder spielen das Spiel gemäß den Regeln auf der Auftragskarte.
Vorbereitung: Die farbigen Karten als Memospiel aufbereiten.

Nikiwörter 4

(1) Hier geht es um Begriffe, die mit Niki de Saint Phalle im weiteren Sinne zu tun haben: Pinsel und Farbe als „Arbeitsmittel" der Künstlerin, Linien, Kreise, Auge, Herz, Blumen, Sonne, Mond und Sterne als typische Motive oder Formen, Nana, Engel, Schlange und Drachen als typische Skulpturgrundform.

★ Kinder, die schon Schreiberfahrungen besitzen, werden aufgefordert, den Artikel vor das jeweilige Wort zu setzen. Kinder im zweiten Lernjahr schreiben neben jedes Bild einen kurzen Satz.

(2) Zwischen den beiden Nanas gilt es 10 Unterschiede zu finden und zu markieren.

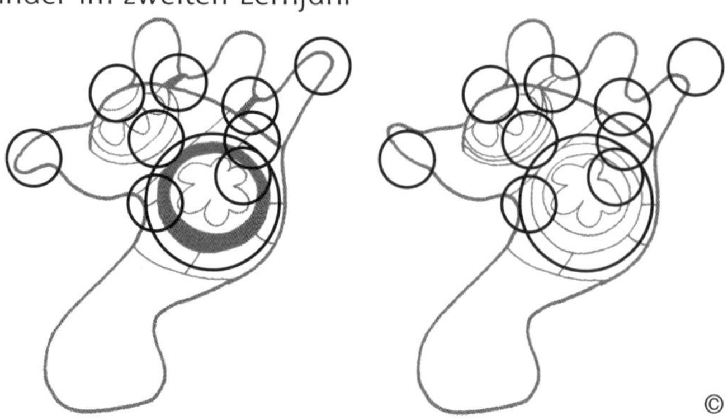

Erläuterungen zu den Arbeitsaufträgen

Nikis Muster 5

Diese Aufgabe befasst sich mit Niki de Saint Phalles Formenwelt. Die Beispielmuster sind u. a. der abgebildeten Nana entlehnt. Die Muster sollen jeweils in dem Feld weitergeführt werden: entweder indem die Formen in einem kleinen Abstand wiederholt bzw. vergrößert werden oder indem das Feld mit ähnlichen Formen gefüllt wird.
In das leere Feld können die Kinder ein eigenes Muster zeichnen – entweder angelehnt an ein Werk der Künstlerin oder sie entwerfen ein eigenes „Lieblingsmuster". Anschließend werden die Muster eingefärbt und benannt – die Namen können in die „Titelfelder" geschrieben werden.

★ Die Kinder können auf der Rückseite notieren, welches Muster ihnen am besten gefällt und warum.

Nikis Farben 6

Dieses Arbeitsblatt beschäftigt sich mit Niki de Saint Phalles Farbenwelt. Die Kinder sollen typische Farben, welche die Künstlerin für ihre Skulpturen verwendet, in die Farbpalette malen und die Namen aufschreiben.

★ Die Kinder können notieren, wenn ihnen etwas zu den Farben auffällt, z. B. dass Niki de Saint Phalle in der Regel die Farben des Farbkreises plus Schwarz, Weiß und Gold benutzte, Flächen meist einfarbig gestaltete und nur selten farbige Übergänge machte.

Lesen, malen und schreiben 7

Entsprechend dem Lesetext soll das Bild vervollständigt werden. Auf die Linien schreiben die Kinder einen zum Bild passenden Text.

★ Bei diesem Arbeitsblatt gibt es zwei Schwierigkeitsgrade. Die einfachere Variante ist durch eine Feder gekennzeichnet, die schwierigere durch ein Gewicht. In beiden Fällen können die Kinder die Aufgabe aber nur bearbeiten, wenn sie schon lesen können.

Tanzende Nanas 8

Die Kinder malen die 12 Nanas mit typischen Farben aus Niki de Saint Phalles Farbenwelt an und testen dabei verschiedene Möglichkeiten aus. Die Version, die den Kindern am besten gefällt, wird mit einem passenden Namen versehen. Natürlich können auch mehrere Versionen angeschrieben werden.

Eine halbe Nana 9

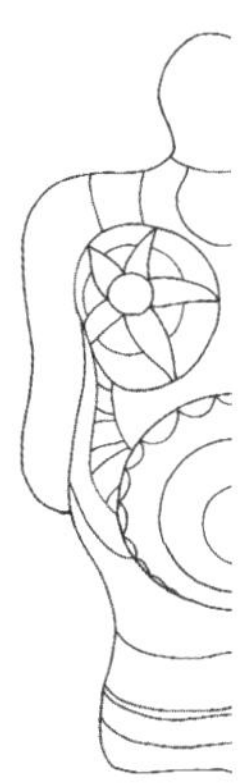

Zu dieser halben Nana zeichnen die Kinder die zweite Hälfte dazu und malen anschließend die Figur mit den für Niki de Saint Phalle typischen Farben bunt an.

Dafür gibt es zwei Vorgehensweisen:
1. Mit einem Spiegel wird eine symmetrische Nana entwickelt.
2. Die Kinder entwickeln kreativ eine eigene Version der zweiten Hälfte.

Erläuterungen zu den Arbeitsaufträgen

Skulpturen-Geschichten 10

Zu den Skulpturen von Niki de Saint Phalle schreiben die Kinder Geschichten. Die farbigen Bilder können als Vorlage benutzt werden. Die Kinder suchen sich ein Bild aus und kleben das kleine Bild aus der Kopiervorlage auf ihr Geschichtenblatt.
Die Erzählbilder können auch für das mündliche Entwickeln von Geschichten verwendet werden oder als Anlass genommen werden, um von eigenen Erlebnissen zu berichten.
Vorbereitung: Für eine bessere Haltbarkeit sollten die Vorlagen in Klarsichthüllen aufbewahrt oder laminiert werden.

Wer ist die Frau? 11

Die Kinder betrachten die Abbildung der Kopfskulptur „Le témoin" (témoin = Zeuge/Zeugin) und überlegen, wer diese Frau sein könnte. Sie zeichnen einen passenden Körper dazu und malen das gesamte Bild bunt. Anschließend schreiben sie zu dieser Figur eine Geschichte oder einen Text, in dem sie mehr über diese Person erzählen.

★ Eine Differenzierung erfolgt hier sicherlich über den Umfang des Textes. Bei Kindern, die noch Mühe haben, mehrere Sätze zu schreiben, genügen einige Stichwörter.

Ein Engel 12

Engel tauchen in verschiedenen Formen bei Niki de Saint Phalles Skulpturen auf – oft in der Darstellung der „La tempérance" (der Mäßigung) aus dem Tarot-Spiel. Um die Abbildung in den richtigen Farben anzumalen, müssen die Kinder zuerst die sechs Seriationsaufgaben im unteren Bereich lösen und alle Felder mit der Schlusszahl der jeweiligen Linie entsprechend einfärben. Statt „Gold" können die Kinder auch Orange nehmen, statt „Silber" einen Bleistift.

Lösung:
Rot: 14, 12, 10, 8, 6, 4, **2** (-2)
Lila: 1, 2, 4, 8, **16** (x2)
Grün: 10, 1, 9, 2, 8, 3, 7, 4, 6, 5, **5** (-9, +8, -7, +6 , -5 ...)
Gelb: 21, 18, 15, 12, 9, 6, **3** (-3)
Blau: 0, 3, 2, 5, 4, 7, 6, 9, 8, 11, **10** (+3, -1, +3, -1 ...)
Gold: 0, 1, 1, 2, 3, 5, 8, **13** (die Addition der beiden vorstehenden Zahlen ergibt die nächste Zahl)
Silber: 1, 2, 4, 7, 11, 16, **22** (+1, +2, +3, +4 ...)

Erläuterungen zu den Arbeitsaufträgen

Der Strawinsky-Brunnen 13

Den Strawinsky-Brunnen in Paris vor dem Centre Pompidou hat Niki de Saint Phalle gemeinsam mit ihrem Ehemann Jean Tinguely geschaffen. Die Kinder sollen herausfinden, mit welchen Fotoapparaten die acht Ansichten des Brunnens fotografiert wurden. Wenn sie die Buchstaben, die neben den Kameras stehen, zu den Zahlen schreiben, erhalten sie den Namen „Tinguely“.
Vorbereitung: Für eine bessere Haltbarkeit sollte der Bogen mit den Fotos in Klarsichthüllen aufbewahrt oder laminiert und dann in acht Karten geschnitten werden.

Ich mag, ich liebe 14

Niki de Saint Phalles Werk „I like I love“ soll für die Kinder als Anregung dienen, ein eigenes Blatt zu gestalten mit Dingen, die sie mögen und lieben.

Lieber Pontus 15

Niki de Saint Phalle hat Briefe geschrieben, die sie nie abgeschickt hat. In ihnen erklärt sie Abschnitte ihres Lebens, s. Literatur, S. 12, Pontus Hulten. Diese Briefe wurden aufwändig mit Rahmen und Bildern gestaltet und mit einer besonderen Schrift versehen.
Ihr Brief „Dear Pontus“ soll den Kindern als Anregung dienen, selbst einen Brief zu „malen“.

Buchstaben-Gedichte 16

Die prächtig gestalteten Buchstaben aus Niki de Saint Phalles Buchillustrationen sind Ausgangspunkt für „Buchstaben-Gedichte“. Ein Wort, beispielsweise aus dem Themenbereich von Niki de Saint Phalles Kunst, wird mit schönen Buchstaben gestaltet, wobei die einzelnen Buchstaben untereinander geschrieben werden. Zu jedem Buchstaben wird ein zum Thema passendes Wort dazugeschrieben.
Die Kinder sollten zunächst das Gedicht entwerfen, bevor sie es in Reinschrift notieren und hierbei im Besonderen die Anfangsbuchstaben in der Art Niki de Saint Phalles gestalten.

Der Tarot-Garten 17

Auf den Lesekarten sind Entwürfe Niki de Saint Phalles für ihren Tarot-Garten in Italien abgebildet. Eine ausführliche Dokumentation und viele Fotos des Gartens finden sich z. B. im Buch „Der Tarot-Garten“ der Künstlerin.
Die Lesekarten werden so auf dem Tisch verteilt, dass die Bilder sichtbar sind. Das Kind beginnt mit der Titelkarte „Der Tarot-Garten“. Es liest den Text auf der Rückseite und sucht das passende Bild. So geht es weiter, bis es das letzte Bild gefunden hat, auf dessen Rückseite „Ende“ steht.
Varianten: Mehrere Kinder verteilen die Karten unter sich. Das Kind, das die Titelkarte hat, liest den Text auf der Rückseite vor. Weiter geht es mit dem Kind, welches das passende Bild zu diesem Text hat.

★ Als einfachere Variante gibt es die gleichen Karten mit jeweils einem Begriff auf der Rückseite.

Vorbereitung: Für eine bessere Haltbarkeit die Bögen laminieren und in acht Teile zerschneiden.

Erläuterungen zu den Arbeitsaufträgen

Niki für Kinder 18

Niki de Saint Phalle hat an diversen Orten der Welt Skulpturen für Kinder gebaut. Die Kinder sollen ein eigenes Spielgerät im Stil von Niki de Saint Phalle entwickeln und beschreiben.
Variante: Diese rein zeichnerische Aufgabenstellung kann erweitert werden, indem man den Kindern Knetgummi zur Verfügung stellt und sie auffordert, die Spielgeräte plastisch darzustellen. Die Entwürfe könnten dann fotografiert und beschrieben werden.

Ein Wort zu viel 19

In jedem Satz zum Thema Niki de Saint Phalle ist ein Wort zu viel. Die Kinder identifizieren dieses Wort durch Lesen und streichen es durch.

Du bist Niki! 20

Als freies Angebot sollen die Kinder selbst kreativ im Stile Niki de Saint Phalles werden. Dazu werden vier verschiedene Formen angeboten:
- Nanas: mit Luftballon und Abfallmaterialien (Joghurtbecher, Papprollen etc.) als Grundgerüst.
- Fantasietiere 1: mit unterschiedlichen Verpackungsmaterialien als Grundgerüst.
- Fantasietiere 2: mit einem alten Stofftier als Grundgerüst.
- Skinnies: aus alten Elektrokabeln (Reste aus Installationen in Neubauten).

Besonders schön ist es, wenn man im Anschluss an die Werkstatt eine Ausstellung mit den eigenen Skulpturen veranstaltet und Eltern oder andere Klassen einlädt.
Vorbereitung: Verpackungsmaterialen, alte Stofftiere, alte Zeitungen, Kleister, Elektrokabel, Holzreste, Abtönfarben bereitstellen.

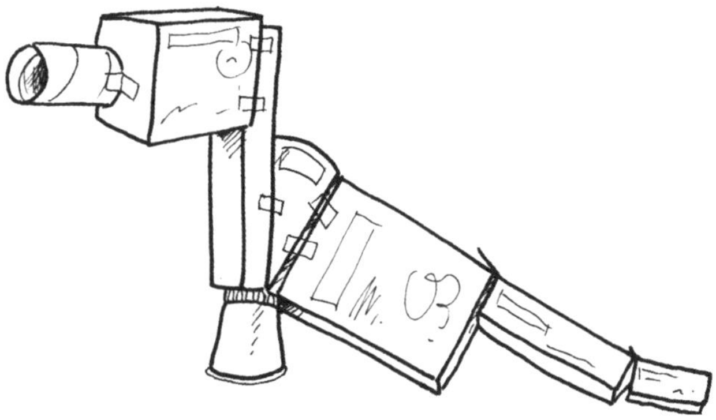

Auftragskarten

Niki de Saint Phalle

1

Auf diesem Arbeitsblatt erfährst du
etwas über das Leben von Niki de Saint Phalle.

Fülle die Lücken aus.
Hier sind die Lösungen, allerdings durcheinander:

Nanas – 21. Mai – New York – 29. Oktober 1930 – Tarot-Garten

? Helferkind: ______________________________

Faltheft: Die Kunst von Niki de Saint Phalle

2

① Lege das Blatt quer mit der Schrift nach unten.
Falte es einmal von unten nach oben.
Klappe es wieder auf.

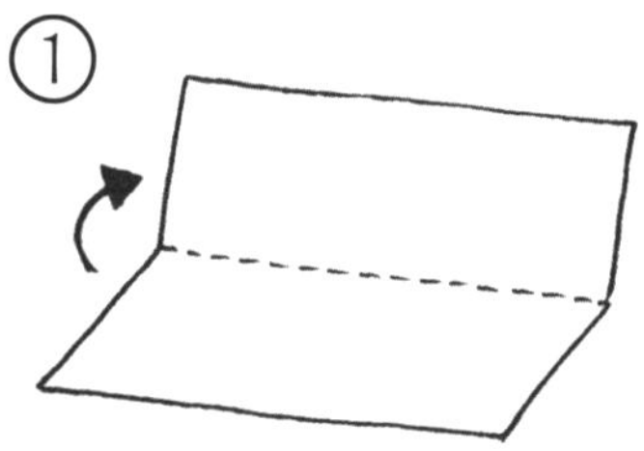

② Drehe das Blatt um 90 Grad.
Falte es einmal von unten nach oben.

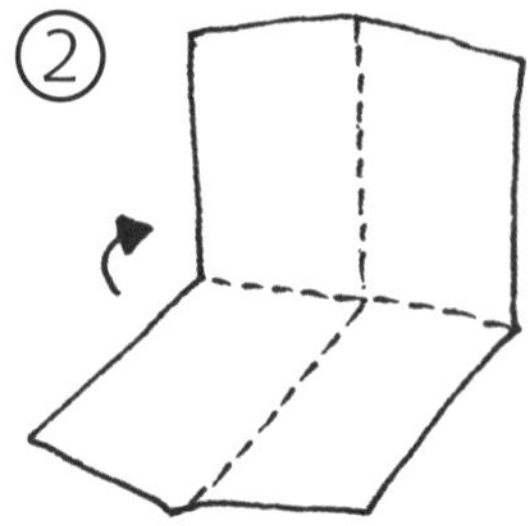

③ Dreh das Blatt mit der Schrift nach oben.
Falte das Blatt von unten bis zur Knickfalte.
Klappe es wieder auf.
Falte das Blatt von oben bis zur Knickfalte.
Klappe es wieder auf.

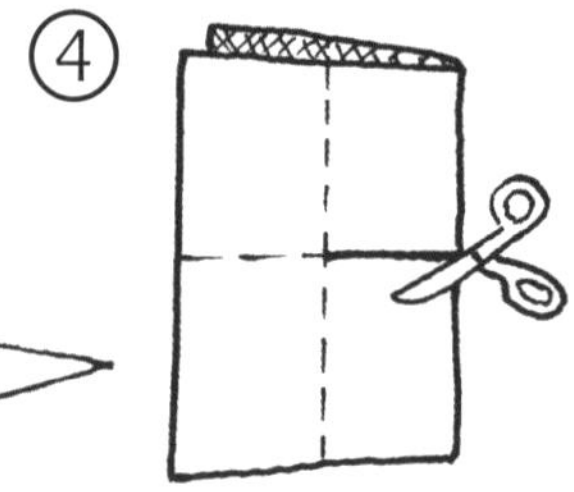

④ Schneide mit der Schere die Mittellinie von der
Knickfalte bis zu Hälfte wie auf der Zeichnung ein.

⑤ Falte das Blatt wieder auf. Fasse es
links und rechts wie auf der Zeichnung
und schiebe die Seiten in die Mitte.

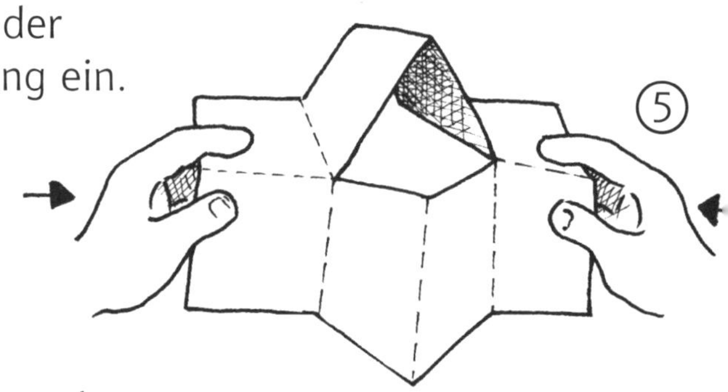

⑥ Niki de Saint Phalle hat viele verschiedene
Kunstwerke geschaffen. Einige kannst du hier sehen.
Findest du ähnliche auch in Bildbänden?

Male sie bunt.
Entweder so, wie Niki sie angemalt hat,
oder wie du sie schön findest.

? Helferkind: ______________________________

Grotte-Memospiel

3

Eines der letzten Kunstwerke von Niki de Saint Phalle befindet sich in Hannover. In den „Herrenhäuser Gärten“ hat sie eine Grotte mit drei Räumen gestaltet.

Die Wände bestehen ganz aus farbigem Glas und Spiegeln.
Überall sind bunte Figuren.

Auf den Memospiel-Karten siehst du einige davon.

Spiele mit anderen Kindern das Memospiel:
Die Karten werden mit den Bildern nach unten auf dem Tisch verteilt und gut gemischt.
Reihum dürft ihr zwei Karten umdrehen.

- Wenn du ein Paar gefunden hast, darfst du die beiden Karten behalten. Du bist noch einmal dran.
- Wenn du unterschiedliche Karten aufgedeckt hast, musst du die Karten wieder verdeckt zurücklegen. Das nächste Kind ist an der Reihe.

Wenn alle Paare gefunden sind,
ist das Spiel zu Ende.

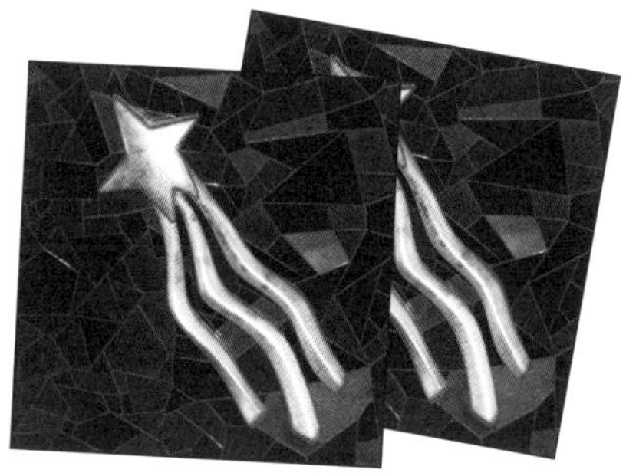

? Helferkind: ______________________________

Nikiwörter

4

① Wenn du schon verschiedene Kunstwerke von Niki kennst,
hast du sicher gemerkt, dass sie ganz typisch sind.
Viele Dinge kannst du hier wieder finden.
Schreibe die Namen auf.
Wenn du schon gut schreiben kannst, dann schreibe auch den Artikel „der“, „die“ oder „das“ davor. Du kannst auch jeweils einen kurzen Satz schreiben.

② Finde die 10 Unterschiede zwischen den beiden Nanas und kreise sie ein.

? Helferkind: ______________________________

Nikis Muster

5

Niki de Saint Phalle mochte keine geraden Linien.

Darum hat sie ihre Nanas und die anderen Skulpturen mit ihren Lieblingsmustern bemalt.

Hier kannst du einige sehen.

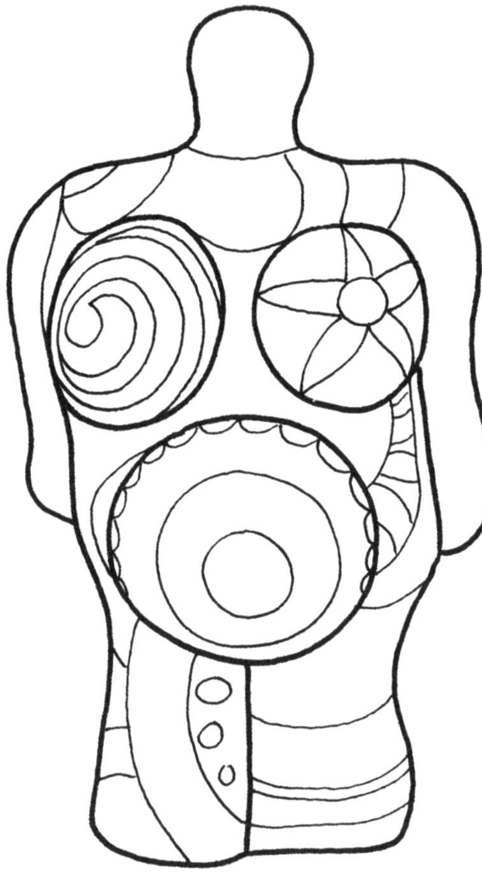

Auf dem Arbeitsblatt siehst du ähnliche Muster.

Male die Muster weiter.

Denke dir für das freie Feld noch ein eigenes Muster aus.

Male die Muster mit schönen Farben an.

Gib den Formen passende Namen und schreibe sie dazu.

Welche Form gefällt dir am besten?

? Helferkind: ______________________

Nikis Farben

6

Sieh dir verschiedene Kunstwerke von Niki de Saint Phalle an. Welche Farben benutzt sie?

Male typische Farben auf die Palette. Schreibe die Namen dazu.

Fällt dir etwas auf? Schreibe.

? Helferkind: ______________________

Lesen, malen und schreiben 7

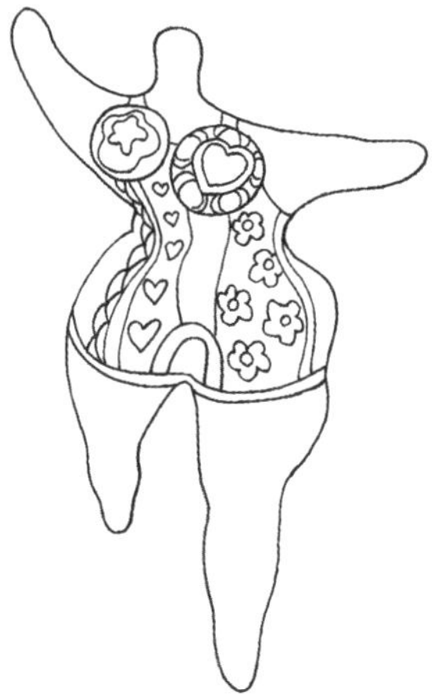

Du kannst zwischen einem einfachen
und einem schwierigen Text wählen.

Lies den Text
und male das Bild fertig.

Schreibe etwas Passendes zum Bild.

? Helferkind: ______________________

Tanzende Nanas 8

Suche dir vier Farben aus, die auch Niki de Saint Phalle
für eine solche Nana genommen hätte.

Male die tanzenden Nanas mit diesen Farben so an,
dass alle anders aussehen.

Welche Nana gefällt dir am besten? Gib ihr einen Namen.

? Helferkind: ______________________

Eine halbe Nana 9

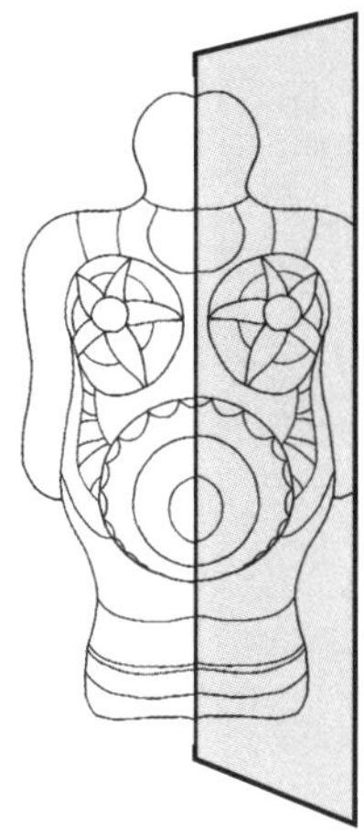

Diese Nana ist noch nicht fertig.

Zeichne die andere Hälfte.

Benutze entweder einen Spiegel
oder denke dir selbst die zweite Hälfte aus.

Male die Nana bunt.

? Helferkind: ______________________

Skulpturen-Geschichten

10

Betrachte die 4 farbigen Bilder.
Suche dir ein Bild aus und denk dir eine Geschichte dazu aus.

Schneide das ausgewählte Bild aus dem Vorlagenblatt
und klebe es auf dein Geschichtenblatt.

Schreibe deine Geschichte auf.

? Helferkind: ______________________________

Wer ist die Frau?

11

Dieser Kopf ist eine Skulptur von Niki de Saint Phalle.
Er misst in Wirklichkeit über 2 Meter.

Wem gehört wohl dieser Kopf? Wer ist die Frau?

Male einen passenden Körper.
Schreibe eine Geschichte dazu.
Oder schreibe, wer diese Frau ist.

? Helferkind: ______________________________

Ein Engel

12

Diesen Engel sollst du in den richtigen Farben anmalen.

Achtung:
Dazu musst du zuerst die Serienaufgaben lösen.
Hier findest du heraus, welche Zahl zu welcher Farbe gehört.

? Helferkind: ______________________________

Der Strawinsky-Brunnen 13

Niki de Saint Phalle hat mit ihrem Ehemann Jean
in Paris den Strawinsky-Brunnen geschaffen.
Strawinsky war ein Komponist.
Der Brunnen ist mit Figuren aus seinen Musikstücken bestückt.

Finde heraus, mit welchen Fotoapparaten die 8 Fotos gemacht wurden.
Schreibe die Lösungsbuchstaben auf.
Das Lösungswort ist der Nachname des Ehemannes von Niki.

? Helferkind: ____________________

Ich mag, ich liebe 14

Auf dieser Seite hat Niki de Saint Phalle einiges aufgeschrieben und aufgemalt,
was sie **mag** und was sie **liebt**.
Der Titel ist in Englisch geschrieben.
I like bedeutet: **Ich mag.** Sprich es so aus: Ei leik.
I love bedeutet: **Ich liebe.** Sprich es so aus: Ei laf.

Nimm ein Blatt und schreibe und zeichne eine ähnliche Seite mit Dingen,
die du **magst** und die du **liebst**.

? Helferkind: ____________________

Lieber Pontus 15

Betrachte den Brief von Niki de Saint Phalle.
Sie hat Briefe manchmal nicht geschrieben, sondern gemalt.

Ihr Brief ist in Englisch geschrieben.
Dear bedeutet: Lieber. Sprich es so aus: Dier.
Pontus ist ein Name.

Nimm ein Blatt und male auch einen Brief.
Für wen malst du ihn?

? Helferkind: ____________________

Buchstaben-Gedichte 16

Hier siehst du
ein Buchstaben-Gedicht.

Fällt dir etwas auf?

Mit Nikis Buchstaben
wurde ein Wort geschrieben.

Jeder Niki-Buchstabe
ist der Anfangsbuchstabe
für ein Wort.

Schreibe selbst
ein Buchstaben-Gedicht:

Überlege dir ein Wort.

Schreibe die Buchstaben
deines Wortes untereinander.

Suche zu den Buchstaben
Wörter, die zu deinem Thema passen.

Schreibe sie zuerst vor.

Wenn du zufrieden bist,
dann gestalte dein Gedicht
mit besonderen Niki-Buchstaben.

Tipp: Gedichte kann man auch verschenken.

? Helferkind: ______________________________

Der Tarot-Garten

17

Lege die Karten mit den Bildern nach oben auf den Tisch.
Fange mit der Karte „Der Tarot-Garten“ an.
Lies den Text auf der Rückseite und finde das passende Bild dazu.
Lies auch bei dieser Karte wieder die Rückseite und suche das Bild.

So geht es weiter, bis du alle Karten in der richtigen Reihenfolge sortiert hast.

Damit erfährst du einiges über die Figuren im Tarot-Garten von Niki de Saint Phalle. Der Garten liegt in Italien.

? Helferkind: ______________________________

Niki für Kinder

18

Niki de Saint Phalle hat gerne
auch Kunst für Kinder gemacht.

Hier siehst du den Golem.
Er steht auf einem Spielplatz
in Jerusalem.

Wie würde dein Spielplatz aussehen?

Welche Figur würde hier stehen,
damit Kinder darauf spielen können?

Was kann man auf deiner Figur alles machen?

Zeichne deinen Vorschlag.
Beschreibe, was an deiner Figur besonders ist.

? Helferkind: ______________________________

Ein Wort zu viel

19

Lies die Sätze über Niki de Saint Phalle.

In jedem Satz ist ein Wort zu viel,
streiche es durch.

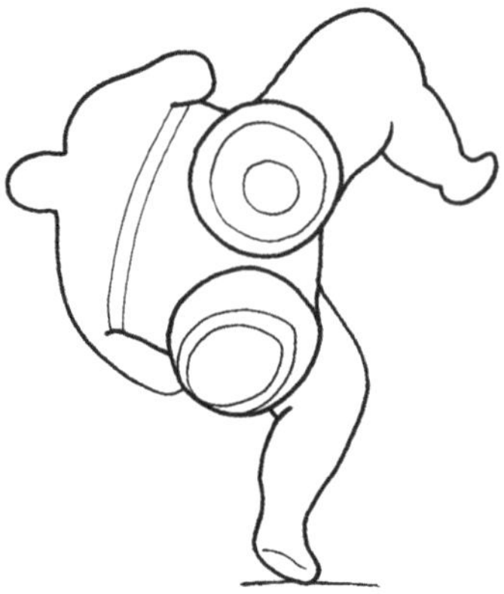

Helferkind: ______________________

Du bist Niki

20

Nun wisst ihr schon viel über Niki de Saint Phalle.

Jetzt seid ihr die Künstler.

Baut allein oder mit anderen Kindern gemeinsam eine Figur.

Anregungen findet ihr auf den 4 Vorlagenblättern.

Helferkind: ______________________

? Helferkind: ______________________________

? Helferkind: ______________________________

Helferkind: ____________________

Helferkind: ____________________

Helferkind: ______________________________

Arbeitsblätter

Name:

Datum:

Niki de Saint Phalle

1

© ca. 1932 Niki Charitable Art Foundation.
All rights reserved.

Am ________________ wurde
Niki de Saint Phalle in Paris geboren.

© 1936 Niki Charitable Art Foundation.
All rights reserved.

Zur Schule ging sie
in ____________
in den USA.

Foto: Bernd Jockweg

Berühmt wurde sie mit bunten Skulpturen,
die sie __________ nannte.

Foto: Laurent Condominas © 1985 Niki Charitable
Art Foundation. All rights reserved.

25 Jahre lang arbeitete Niki de Saint
Phalle am ____________ in Italien.

Foto: Tim Herr © 2001 Niki Charitable Art Foundation.
All rights reserved.

Niki wurde fast
72 Jahre alt.
Sie starb am
__________ 2002 in
San Diego.

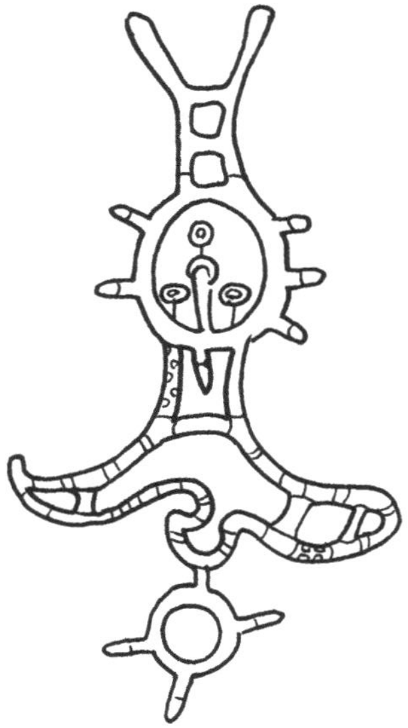

Skinnies

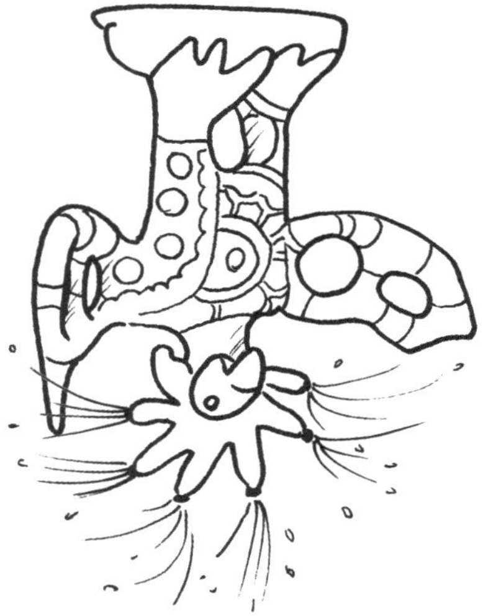

Skulpturen

Köpfe

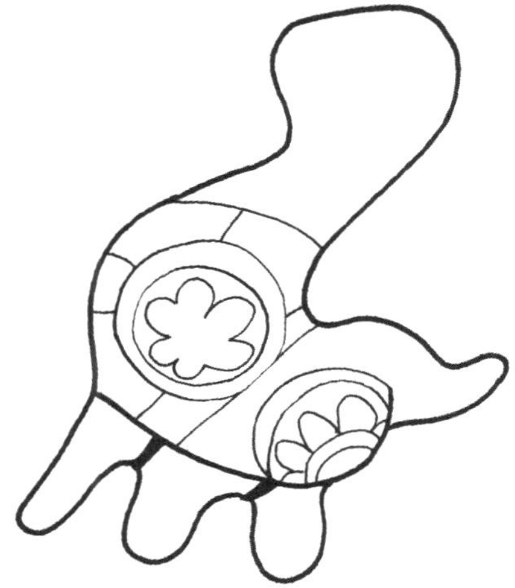

Nanas

Schriften

Riesen für Kinder

Und was magst du am liebsten?

Die Kunst von

Niki de Saint Phalle

Name:

Datum:

Nikiwörter

4

1

2

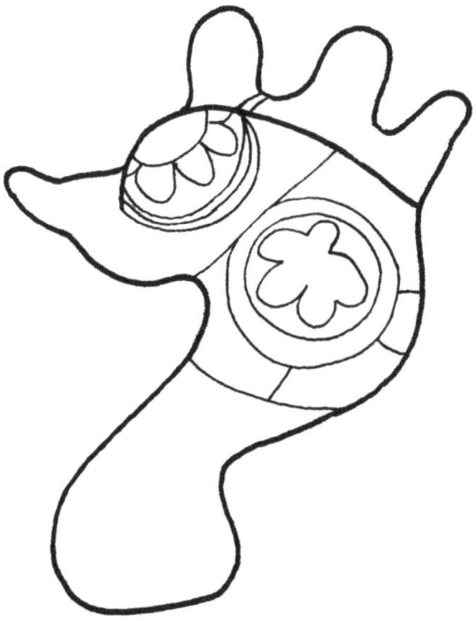

Name:

Datum:

5

Nikis Muster

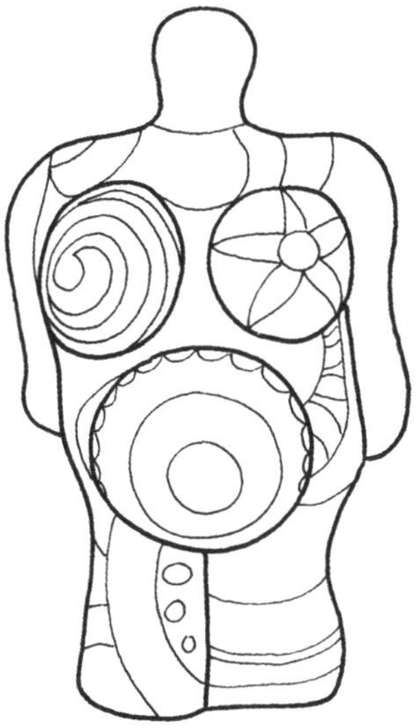

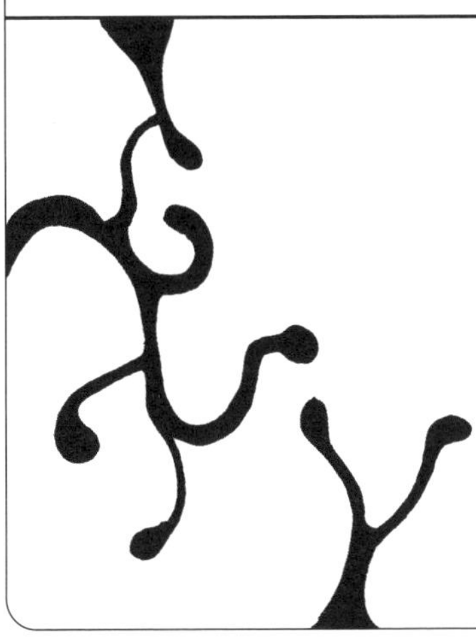

Name:

Datum:

Nikis Farben

6

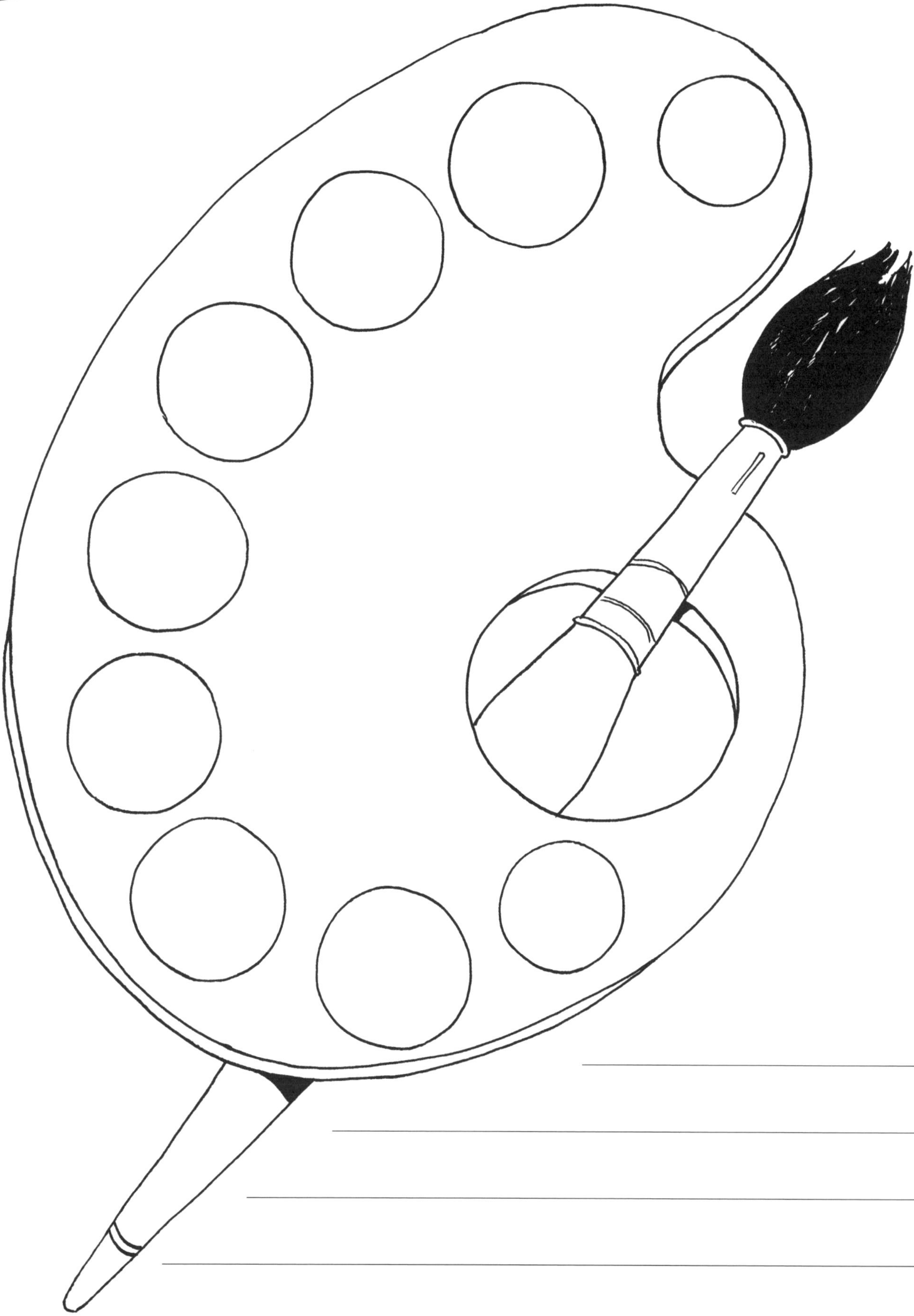

Name:

Datum:

Lesen, malen und schreiben

7

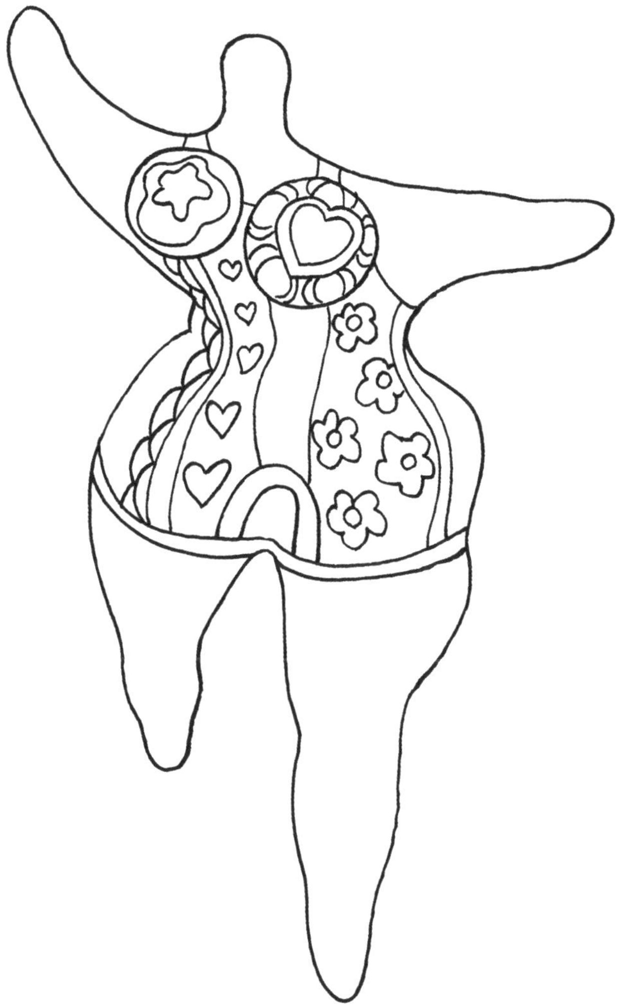

Male die Herzen rot.

Die Blumen sind gelb.

Die Streifen sind gelb,
rot und grün.

Male den Kopf,
die Arme und Beine
schwarz.

Mit wem tanzt die Nana?

Name:

Datum:

Lesen, malen und schreiben

7

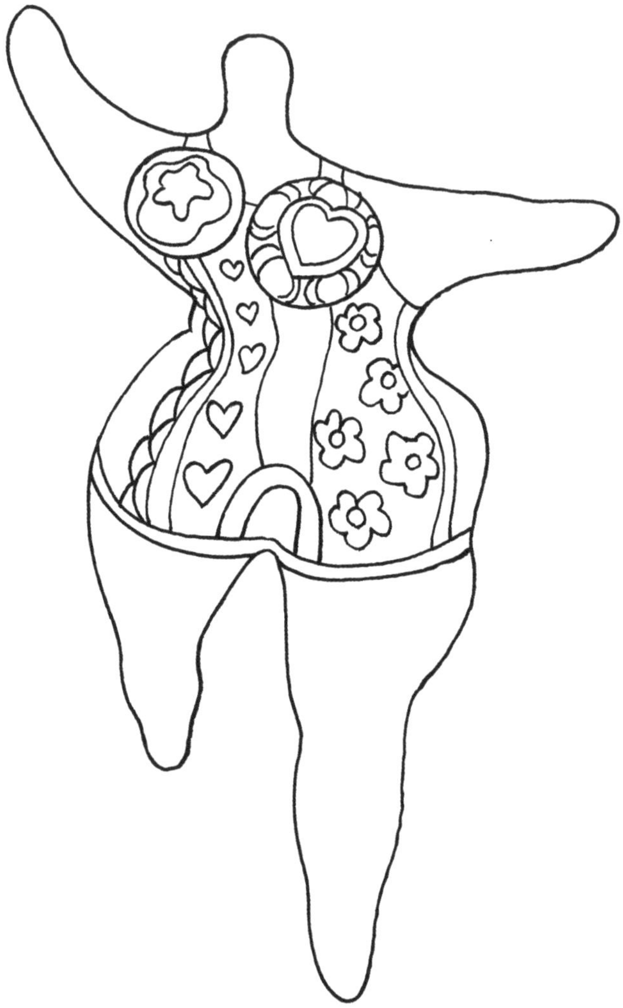

Der Name dieser Nana ist „tanzende schwarze Nana“. Ihre Arme, Beine und der Kopf sind schwarz.

Die Herzen auf ihrer Kleidung sind rot und rosa.

Die Blumen sind orange und rot.

Die Streifen kannst du gelb, grün malen oder frei lassen.

Färbe den Rest der Kleidung in fröhlichen Farben ein.

Male noch eine andere Nana, mit der sie tanzt.

Name:

Datum:

Tanzende Nanas

8

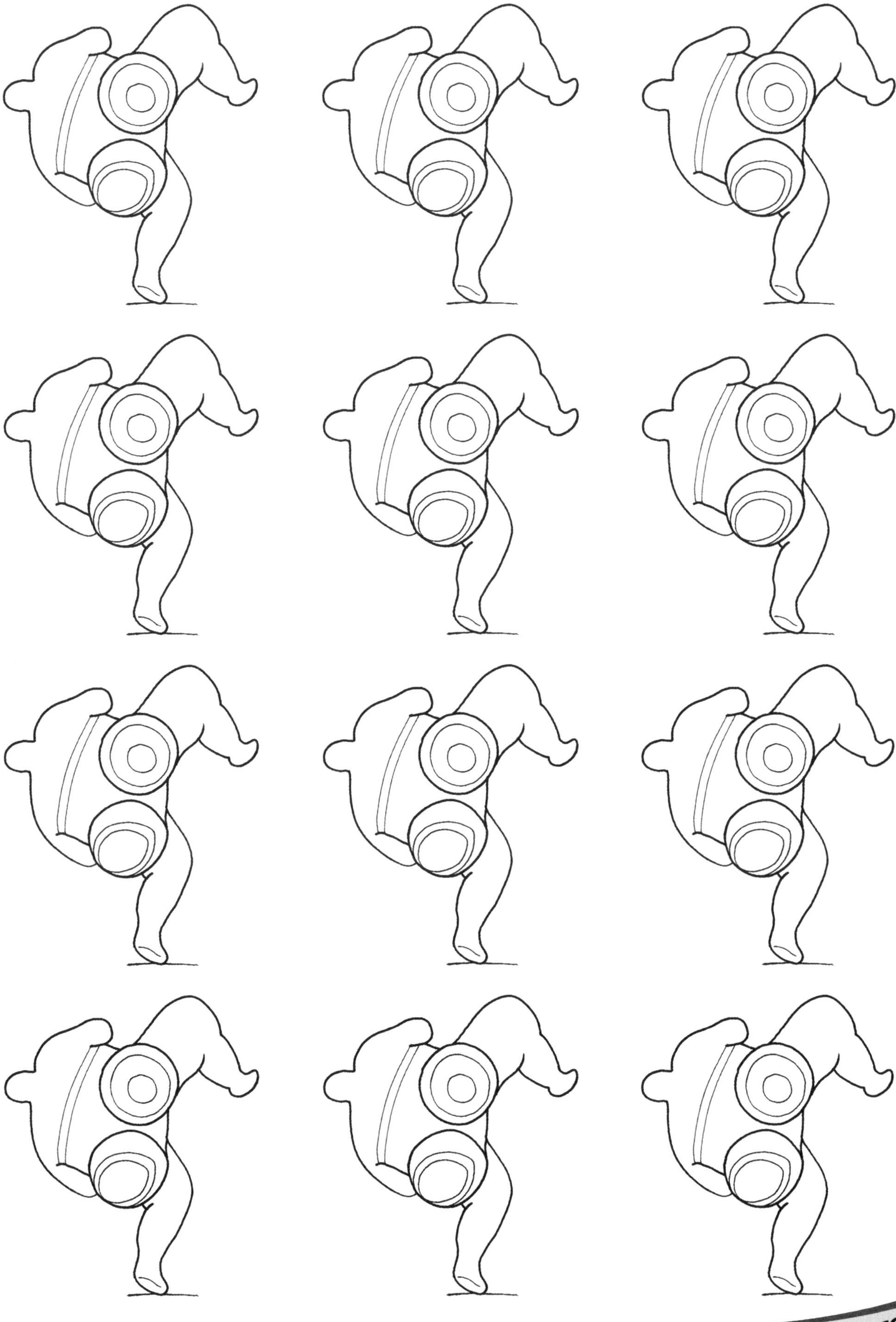

Name:

Datum:

Eine halbe Nana

9

Skulpturen-Geschichten
Vorlagenblatt

10

Foto: Bernd Jockweg

Der Lebensretter (The Lifesaver), Brunnen in Duisburg

Der Golem, Spielplatz in Jerusalem

Foto: Bernd Jockweg

Adam und Eva, Kunstpfad Ulm

Foto: Bernd Jockweg

Der Dichter und seine Muse, Kunstpfad Ulm

Name:

Datum:

Wer ist die Frau?

11

Name:

Datum:

Ein Engel

12

Rot: 14, 12, 10, ..., ..., ..., ___

Lila: 1, 2, 4, 8, ___

Grün: 10, 1, 9, 2, 8, 3, ..., ..., ..., ..., ___

Gelb: 21, 18, 15, ..., ..., ..., ___

Blau: 0, 3, 2, 5, 4, 7, ..., ..., ..., ..., ___

Gold: 0, 1, 1, 2, 3, 5, 8, ___

Silber: 1, 2, 4, 7, 11, 16, ___

Name:

Datum:

Der Strawinsky-Brunnen

13

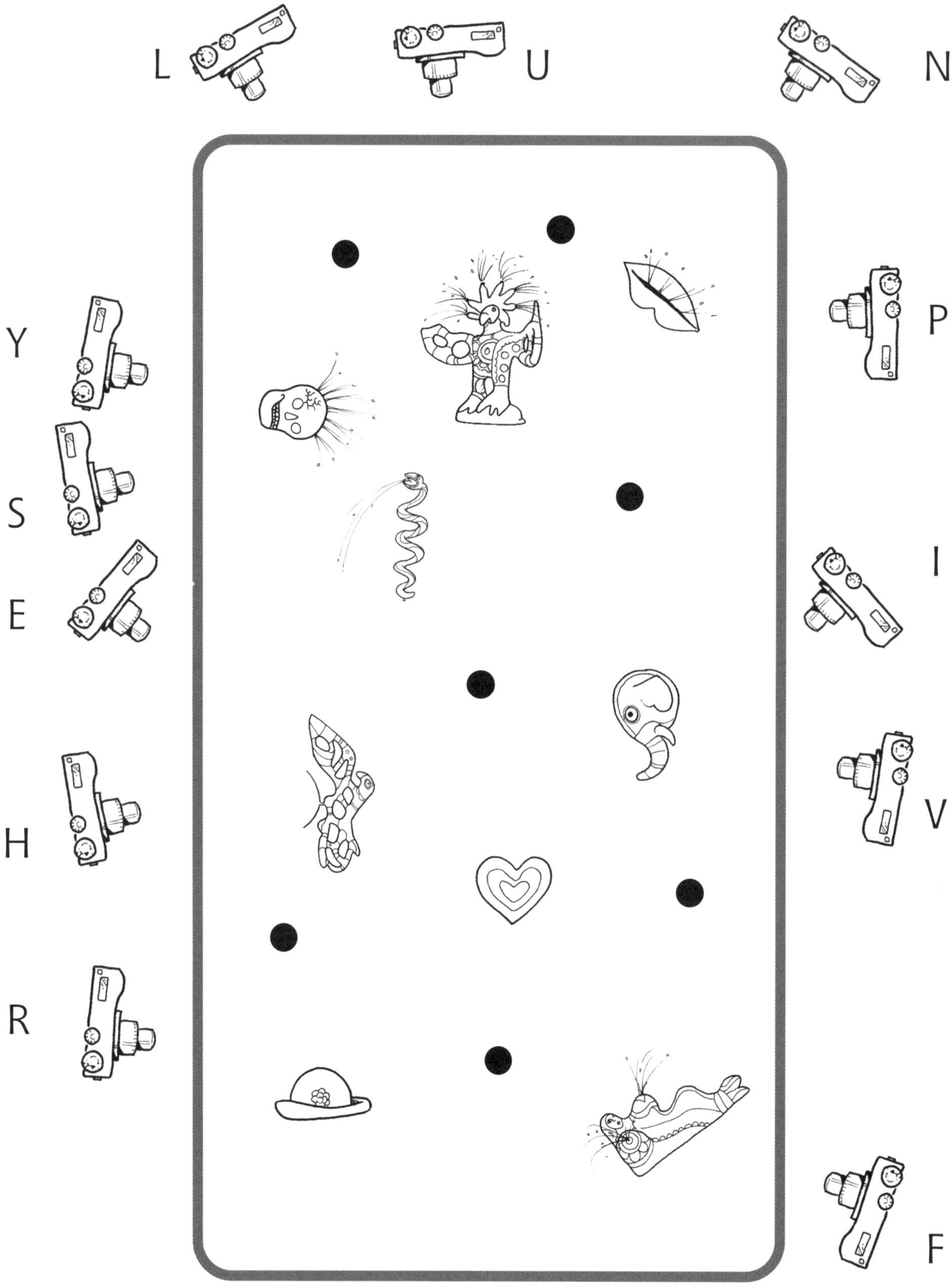

1	2	3	4	5	6	7	8

Name:

Datum:

Ein Wort zu viel

19

Niki de Saint Phalle hat war eine Künstlerin.

Sie hat viele bunte Figuren
ganze gebaut.

Die tanzenden werden dicken Frauen
werden Nanas genannt.

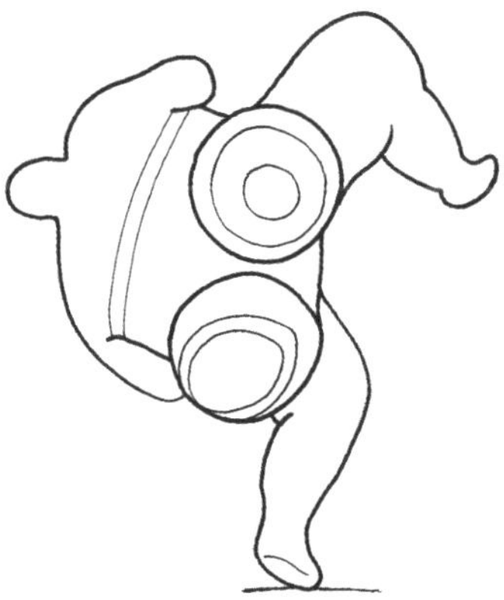

Man kennt Nikis Kunst
auf der ganzen Welt gerne.

In unter Hannover stehen
tanzende Nanas.

In Israel wurde hat sie eine Skulptur
für einen Spielplatz gebaut.

In Paris steht ein Brunnen
mit über bunten Figuren von ihr.

In Italien hat für sie
den Tarot-Garten gebaut.

Im Bahnhof in Zürich
hängt ein Engel Gold.

Name: Datum:

Du bist Niki! – Nanas

20

Baue aus einem Luftballon
und Verpackungen
das Grundgerüst.

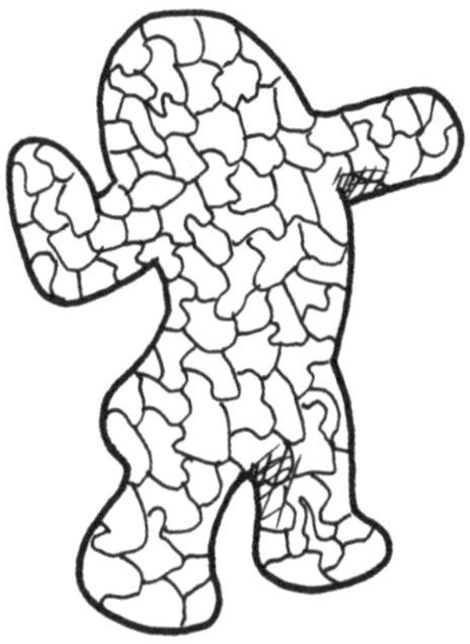

Beklebe die Figur
mit mehreren Schichten
Kleisterpapier.

Bemale die Figur zuerst
mit heller Farbe.

Überlege dir ein Muster.

Male die Felder bunt.

Ziehe dann Grenzen
mit schwarzer Farbe.

Name:

Datum:

Du bist Niki! – Fantasietiere 1

20

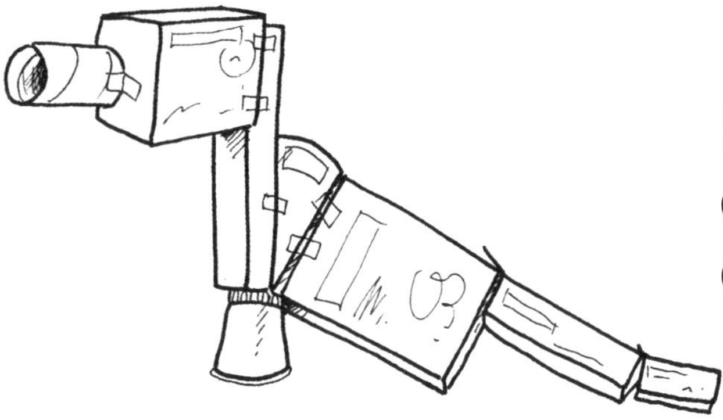

Baue aus verschiedenen alten Verpackungen das Grundgerüst.

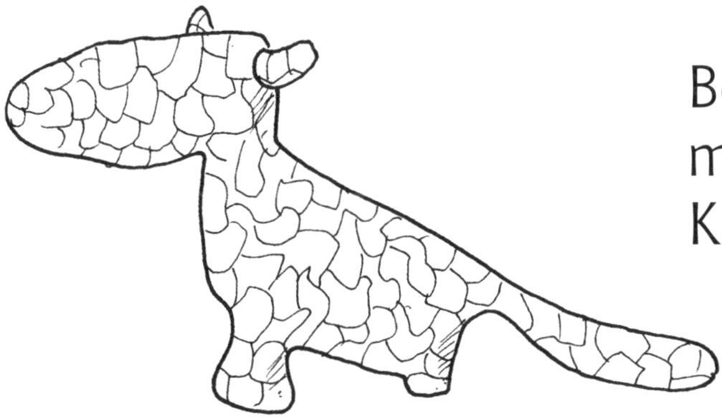

Beklebe die Figur mit mehreren Schichten Kleisterpapier.

Bemale die Figur zuerst mit heller Farbe.

Überlege dir ein Muster.

Male die Felder bunt.

Ziehe dann Grenzen mit schwarzer Farbe.

Name:

Datum:

Du bist Niki! – Fantasietiere 2

20

Vielleicht hast du
ein altes, kaputtes Stofftier,
das du nicht mehr brauchst.

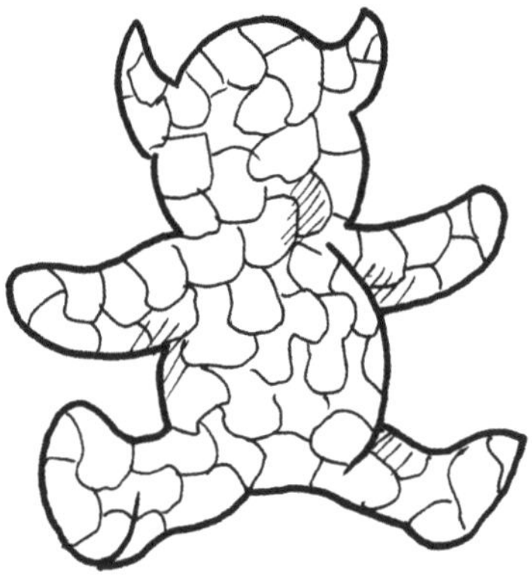

Beklebe das Stofftier
mit mehreren Schichten
Kleisterpapier.

Du kannst auch noch
Dinge hinzufügen.

Bemale die Figur zuerst
mit heller Farbe.

Überlege dir ein Muster.

Male die Felder bunt.

Ziehe dann Grenzen
mit schwarzer Farbe.

Name:

Datum:

Du bist Niki! – Skinnies

Baue einen Skinnie, der so dünn ist,
dass man durch ihn hindurch sehen kann.

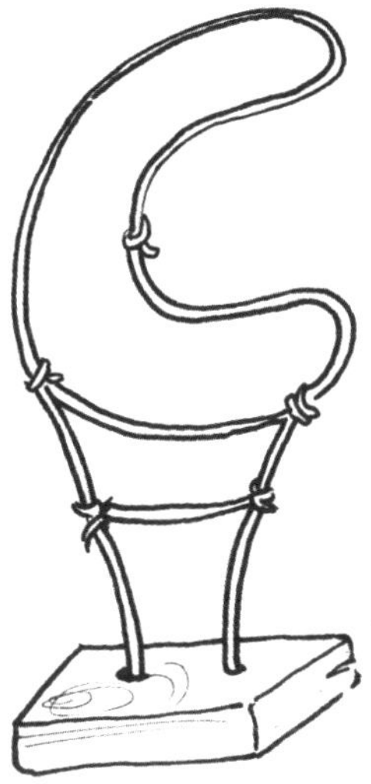

Du brauchst dicken Draht,
am besten Reste von Elektrokabeln.

Forme daraus deine Figur.

Die Enden kannst du
auf einer Holzplatte befestigen.

Lass dir die Löcher
von einem Erwachsenen bohren.

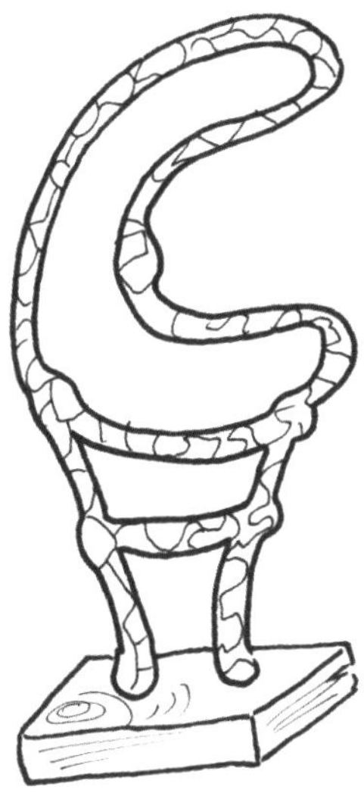

Damit du deinen Skinnie
besser bemalen kannst,
beklebe ihn am besten
mit einigen Schichten Kleisterpapier.

Bemale deinen Skinnie zuerst
mit heller Farbe.

Male ihn dann bunt.

Du kannst auch schöne Dinge
in ihn hineinhängen.

Kontrolle
und Zusätze

Name	1	2	3	4	5	6	7	8	9	10	11	12	13	14	15	16	17	18	19	20
	Niki de Saint Phalle	Faltheft: Die Kunst von Niki de Saint Phalle	Grotte-Memospiel	Nikiwörter	Nikis Muster	Nikis Farben	Lesen, malen und schreiben	Tanzende Nanas	Eine halbe Nana	Skulpturen-Geschichten	Wer ist die Frau?	Ein Engel	Der Strawinsky-Brunnen	Ich mag, ich liebe	Lieber Pontus	Buchstaben-Gedichte	Lesekarten: Der Tarot-Garten	Niki für Kinder	Ein Wort zu viel	Du bist Niki!

Werkstattpass

Name:

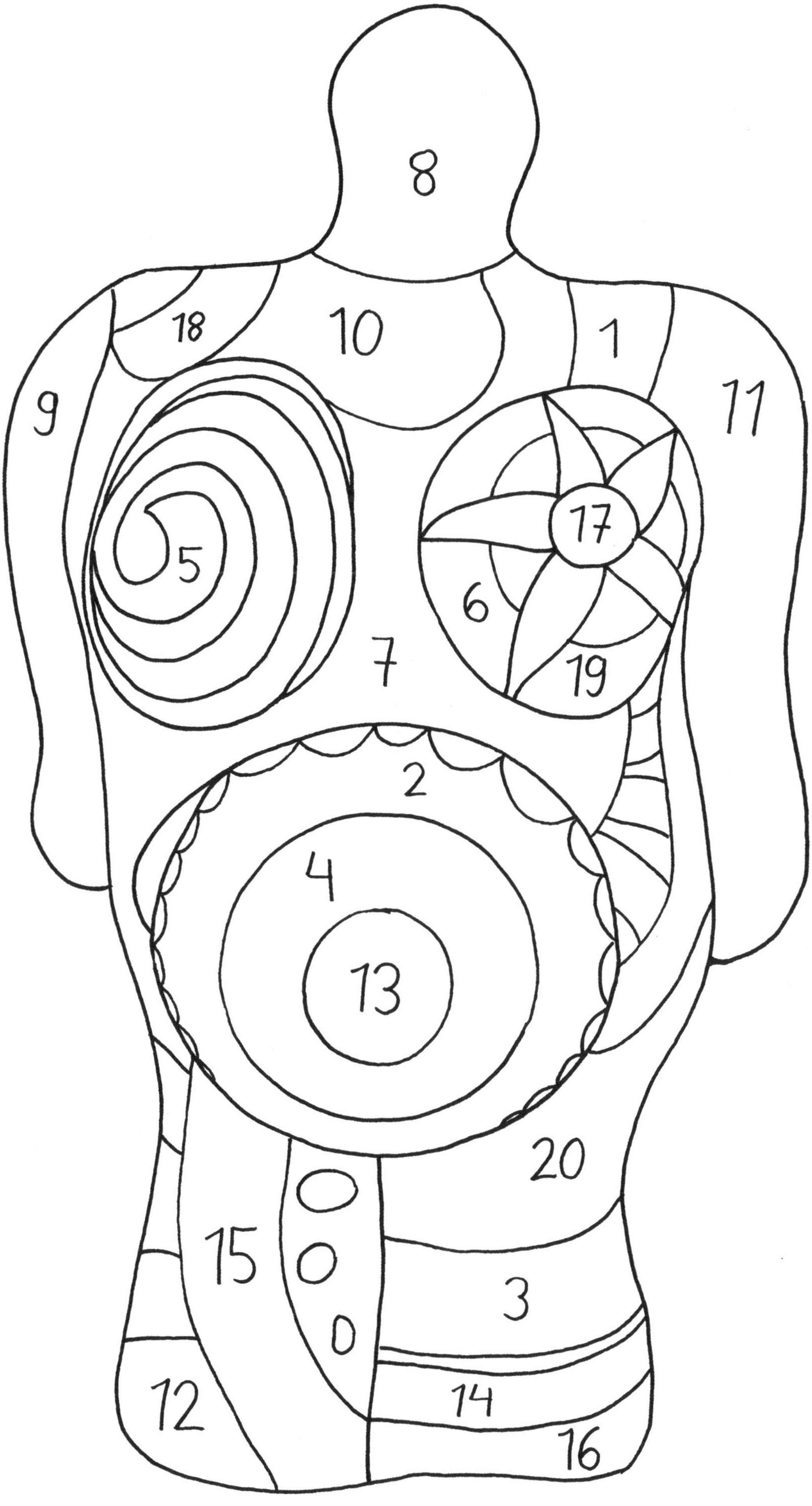

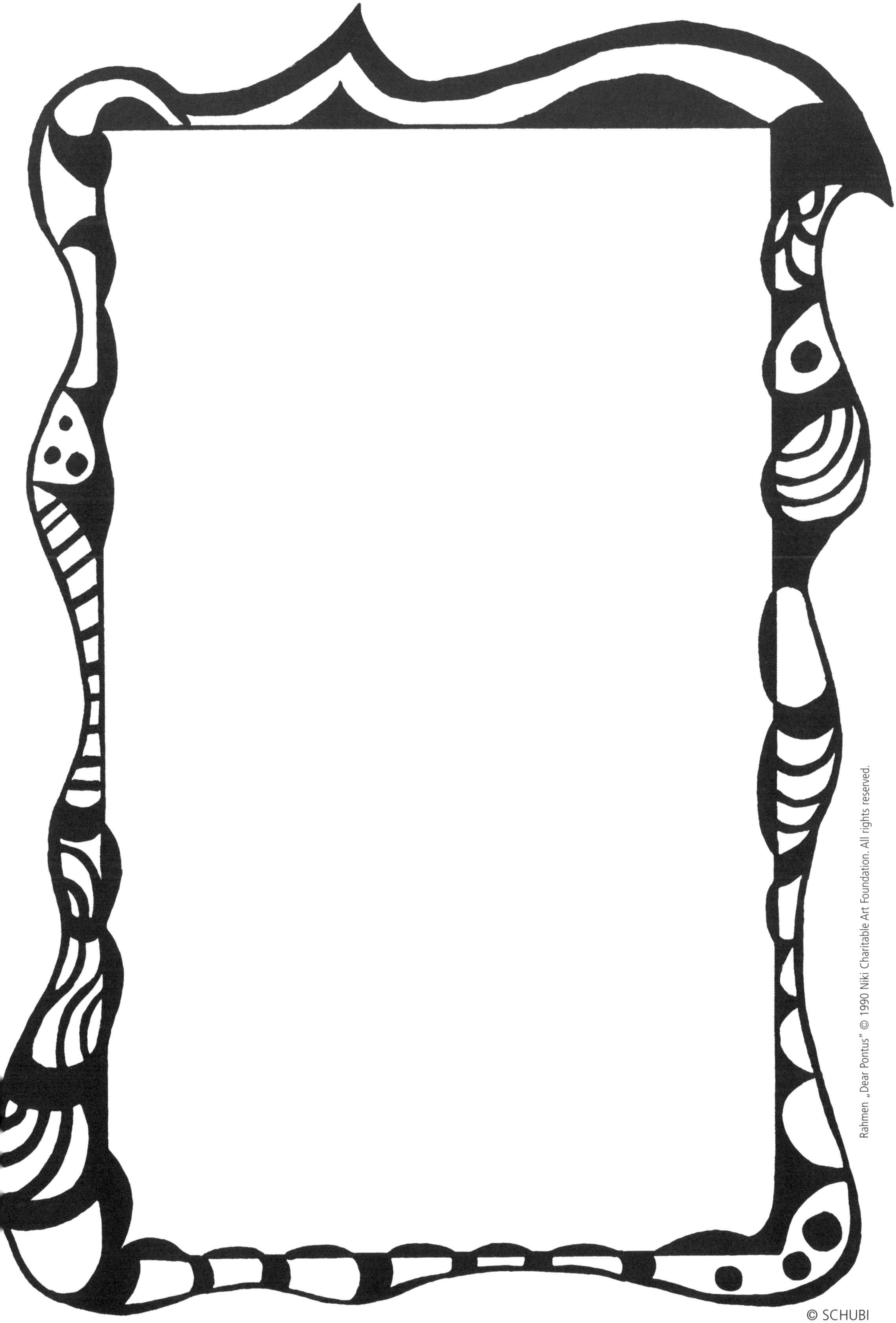

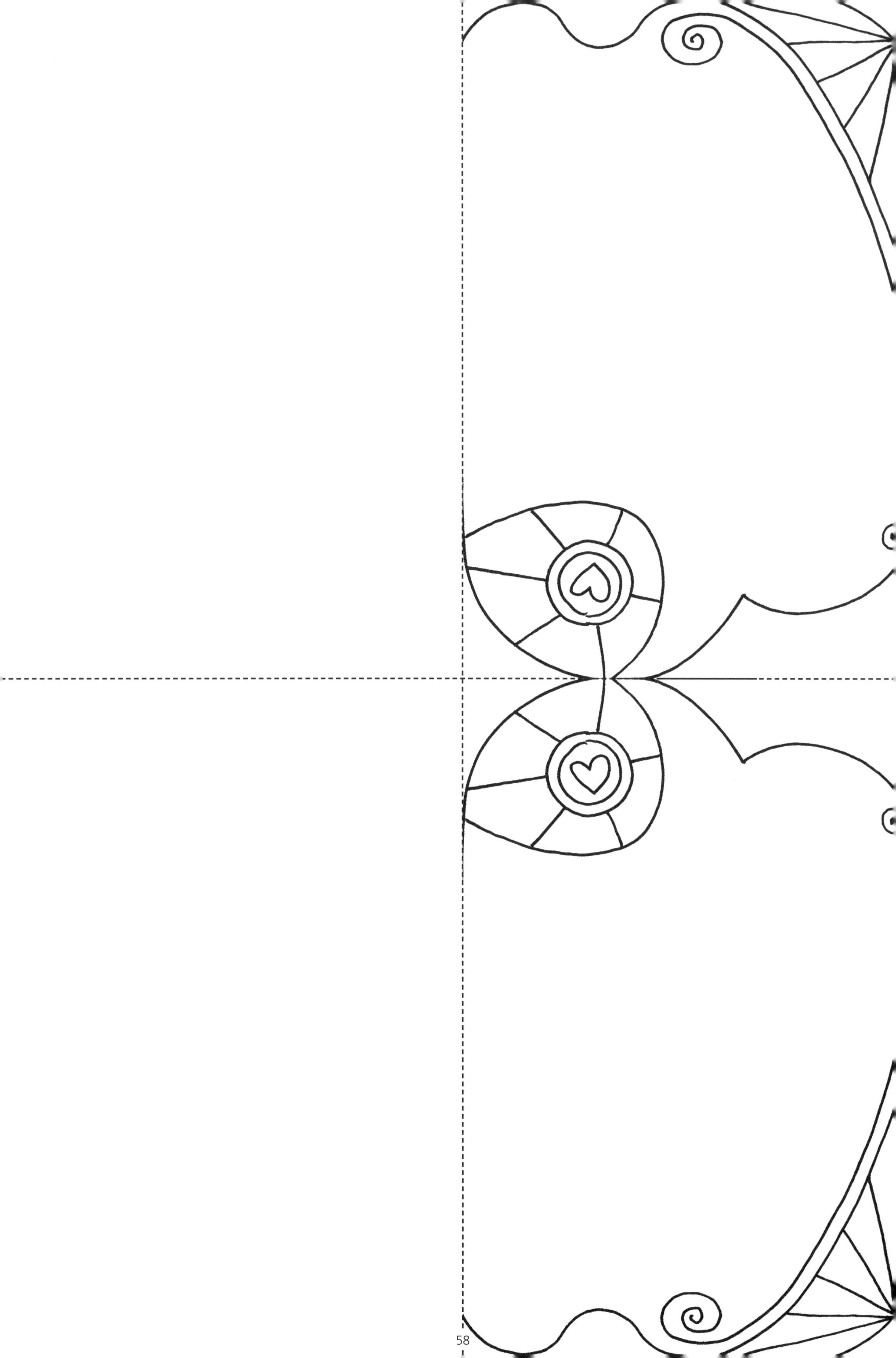

Anhänge
und Extras

Skulpturen-Geschichte 1

10

Der Lebensretter (The Lifesaver), Brunnen in Duisburg; Foto: Bernd Jockweg

Skulpturen-Geschichte 2

10

Der Golem, Spielplatz in Jerusalem; Foto: Laurent Condominas © 1972 Niki Charitable Art Foundation. All rights reserved.

Skulpturen-Geschichte 3

10

Adam und Eva, Kunstpfad Ulm; Foto: Bernd Jockweg

Skulpturen-Geschichte 4

10

Der Dichter und seine Muse, Kunstpfad Ulm; Foto: Bernd Jockweg

Ich mag, ich liebe

14

N.Y.C. oct. 91
DEAR
PONTUS
Rebel
Right
to
exist
feminism